Mohamed Laïd ATHMANI

OCTOBRE NOIR

Mohamed Laïd ATHMANI

OCTOBRE NOIR

RECUEIL DE POÈMES

Éditions Muse

Cover image: www.ingimage.com

Publisher:
Éditions Muse
is a trademark of
Dodo Books Indian Ocean Ltd. and OmniScriptum S.R.L publishing group

120 High Road, East Finchley, London, N2 9ED, United Kingdom
Str. Armeneasca 28/1, office 1, Chisinau MD-2012, Republic of Moldova, Europe
Printed at: see last page
ISBN: 978-620-4-97154-4

PRÉAMBULE

Cet humble recueil de poèmes est une réédition d' « OCTOBRE NOIR » des années 1988 en Algérie qui relate poétiquement les événements ensanglantés du 5 octobre 1988 en Algérie sous le mandat du Président : CHADLI Bendjedid.
La mal vie, le chômage, « EL-HOGRA* », le favoritisme, l'injustice sont les ingrédients déclencheurs de la première crise sociale algérienne postindépendance. Le grand acteur de cette première crise sociopolitique en Algérie indépendante fut encore la jeunesse.

Le recueil d' « Octobre noir » de : Mohamed Laïd ATHMANI fut déposé de Biskra, après trois mois, par courrier postal, en 1989 et édité en 1990, dans des circonstances de très grande urgence à Paris, auprès de : « LA PENSÉE UNIVERSELLE » –Éditeurs - 4 Rue, Charlemagne en même temps que le livre de : ALI YAHIA ABDENNOUR, défenseurs des Droits de l'Homme en Algérie, en ce temps-là...

Le recueil a été publié à compte d'Auteur et tiré à mille exemplaires.
Sans l'aide d'amis, pour l'argent, et d'anciens élèves installés à Paris, qui ont tendu leurs mains reconnaissantes à l'Auteur: Mohamed Laïd ATHMANI, pour le retrait, la prise en charge et la distribution du livre ainsi que d'un Éditeur compréhensif de la situation qui avait prévalu, en ce temps-là, en Algérie, le livre n'aurait jamais vu le jour.
Si, seulement quelques exemplaires ont été vendus à Paris, le reste, avait croupi dans des cartons en banlieue parisienne chez un ancien élève de Biskra, faute d'être importés en Algérie, après quelques temps, ils disparurent de la cave du bâtiment on ne sait dans quelles circonstances ni pour quelles raisons.
Enfin, ce qui avait été fait, avait été fait, et notre Auteur : Mohamed Laïd ATHMANI ne regrette absolument rien.

Ce qui est regrettable, nous dit : Mohamed Laïd ATHMANI, c'est l'incompréhension de certaines personnes qui ne parviennent pas à saisir le sens de : « L'Écriture de l'Urgence » et ses contraintes à divers niveaux.
Beaucoup d'écrits qui s'ensuivirent, par la suite, dans les années 1990, en Algérie, relèvent de « l'Écriture de l'Urgence ».
On n'a plus le temps de peaufiner, de faire la fine bouche ; c'était le temps de crier, d'ameuter, d'avertir : ici et ailleurs quant à ce qui se passait en Algérie qui commençait à vaciller et à perdre le nord.
Tout guette !
Tous étaient aux aguets !
Beaucoup ne savent pas aussi ce qu'est écrire en cachette et « la peur dans le ventre ».
Quand un écrit : poétique ou journalistique de dénonciation arrive à percer, à voir le jour et à être lu un peu partout, là est notre succès, notre victoire, notre réussite, vous diront les Militants de la Noble Cause.

*** « EL-HOGRA» - L'inconsidération**

Mohamed Laïd ATHMANI, enfiévré, en ce temps-là, nous disait : « Je n'ai Nulle considération, nul égard pour cette écriture « prostituée, colorée, séductrice », à moi, l'écriture saine et véritable, l'écriture terre à terre, aux mots couteaux affutés des deux côtés, l'écriture sincère aux mots javelots… au service de la dénonciation, de la fraternité et du patriotisme véritable ».

Dans le cas aussi de cet humble recueil d' « OCTOBRENOIR », l'Auteur : Mohamed Laïd ATHMANI nous déclare : « J'avais l'impression d'imploser devant tout ce qui se passait dans mon pays. Je me suis vu obligé d'agir, de dire quelque chose afin de ne point me taire et trahir comme, nombreux, en ce temps-là, sont ceux qui ont trahi.
Une main humaine et compatissante, celle de mon Éditeur qui ne me connait pas et que je ne connais pas aussi, au nom de la Justice et de la Vérité des Peuples, me fut tendue de sa part de l'extérieur, je ne pus ne pas la retenir, payer au prix fort ma douleur et aussi, de tout mon cœur, remercier le bienfait de mes Bienfaiteurs.
À compte d'Auteur ou à compte d'Éditeur, cela ne voulait plus rien dire pour moi puisque ce que l'on allait, dans l'Urgence, Dire, était plus important encore que tout l'or du monde ».

L'AUTEUR

Du même auteur :

POÉSIE

1 – Octobre noir- Éditions : La Pensée Universelle, France.
2 – Événements de France – Les banlieues de Paris – 2005 – Les fruits amers d'automne -Édilivre, France.
3 –La Palestine–L'Intifadha–Les enfants et moi. Enag– Pour Le Ministère de la Culture-Algérie.
4 – PALESTINE : Hamas de Gaza et Israël – Opération. Plomb durci. du : 27/12/2008 au 21/01/2009 – Dénonciation et compassion humaines rythmées - Édilivre, France.
5 – L'après octobre noir. Ou : La décennie noire en Algérie 1988/1998. Édilivre, France.
6 – Les Femmes et Gaza – 8 mars 2014 - Édilivre, France.
7 –Le Sahara occidental–. Chronologie poétique d'une injustice et d'un combat qui perdurent - Édilivre, France.
8 – Poèmes de cœur-Poèmes de combat. Mon Petit Éditeur-France.
9 – LA POÉSIE LIBÉRÉE ET LA POÉSIE DE LA NOSTALGIE RÉVEILLÉE - ÉDITIONS MUSE.
10–POÈMES ET CHANSONNETTES POUR LES ENFANTS ET CLIN D'ŒIL POUR LES GRANDS- Éditions Muse.
11–LES ROHINGYAS- Poèmes de dénonciation. - Éditions Muse.

PROSE :

CONTES :

1- Les contes et portraits de CHATS. Enag-Pour Le Ministère de la Culture-Algérie.
2- Les contes et portraits de CHATS – II– Édilivre, France.
3- Les contes et portraits de CHATS(I) Réédition Édilivre.

NOUVELLES :

1 –L'angoisse dans l'œuf. Enag-Pour Le Ministère de la Culture- Algérie.
2 –Un corps pour des âmes - Mon Petit Éditeur-France.
3 – Saralger. Édilivre, France.

ROMANS :

1 – L'aventure : entre les fictions, la réalité - Édilivre, France.
2 – Le Veilleur : Édilivre, France.

CHRONIQUE :

1 – Le Carnage. De : « L'après octobre noir en Algérie » chronique des attentats terroristes – 1993/1998. Édilivre, France

TÉMOIGNAGE :

1 – LES RÉCITS D'UN ENFANT TÉMOIN DE SON TEMPS. Éditions Muse.

« Ne désirant pas communiquer seulement avec moi-même ou avec quelques uns, je préfère communiquer avec tout le monde. »

M.L.Athmani

DÉDICACE

Je dédie ce recueil à tous les citoyens Algériens qui ont souffert ce que j'ai souffert durant les noires journées d'« Octobre noir ».

Je le dédie aussi à ceux qui ont étouffé ma voix et m'ont empêché de pleurer mes frères, mes sœurs et mon pays, au moment même où, ils avaient, le plus besoin de moi.

M.L.Athmani

MA MÈRE

(Texte paru à : »HORIZONS DE L'Édition » du : 05-12-88)

Chacun de nous est sensible et conscient, chacun de nous, bien sûr, est en droit de pleurer sa mère, à sa façon.
Moi, je l'ai pleuré de mille et une façons !
Comment ne pas pleurer sa mère, quand on sait, ô mon DIEU !combien elle a souffert pour chacun de nous, ce qu'elle a enduré pour que nous eussions pu gaiement, le ventre plein, le cœur serein, gambader sur nos frêles petits pieds dans une entière sécurité ?
Nous n'étions que des enfants. Notre mère toute heureuse, souriante et orgueilleuse, nous voyait faire, nous voyait chaque jour grandir et pareils au blé, mûrir……………………………………………………………………………………
…………………………………………………………………………………………
Mais, un jour,……………………………………………………………………………
…………………………………………………………………………………………
…………………………………………………………………………………………
Depuis ce jour-là, mon sommeil devint très agité : je me réveille terrorisé, poussant des cri :
« Ma mère ! ma mère ! ma mère patrie ! ma mère l'ALGÉRIE ! »

Biskra- le : 5-6-7-8-9-10 Octobre 88
Mohamed Laïd ATHMANI

« L'ANARCHIE »

Quand l'ivraie
Envahit le blé

Quand la gangrène
S'impose en reine

Quand les malfaiteurs
Deviennent Rois

Quand une société de parvenus
Dédaigneuse
Nargue le pauvre ahuri

Quand la vie
Devient amère

Quand le mal
Empire

Quand l'ingratitude
Est déclarée

Quand la glèbe
Meurt de soif

Quand l'amour
Déserte les cœurs

Quand les Braves
Sont indexés

Quand la vérité
Est prise en chasse
Et que le mensonge
Occupe la place

Quand le Mal
Écrase le Bien
Et que la Haine
Galope les rues

C'est le règne du désordre
C'est le Peuple qui gronde
C'est la colère générale
C'est aussi la vindicte

C'est l'ANARCHIE !
Tout court.

« LA MEUTE »

L'Enfer !
C'est l'Enfer !
« Ez-zilzel » !
« Ez-zilzel » de TAHAR OUATTAR !

C'est la ruée !
La ruée !
La meute arrive !
La meute gronde
Tel un torrent impétueux !

Des poltrons vicieux
Attendent le moment
Vicieux
Ils ont toujours été aux aguets
Ils attendent

La meute avance

Vicieux
Les poltrons s'infiltrèrent
Et
En Lions
Se déguisèrent

Tous les couteaux furent tirés
Haut la main
Ils sont brandis
La situation s'envenima
C'est l'anonymat

La meute avance
Les poltrons-Lions avancent
Toutes dents dehors
Prêts à déchiqueter la chair
De leurs propres frères

La meute est excitée
Les poltrons-Lions ricanent
Ils la font vibrer
La meute est ivre
La meute crie
Les poltrons-Lions rugissent
La meute jouit
Elle avance
Surexcitée

Du sang gicle
Un homme tombe
La face maculée de sang
La meute avance toujours
L'chant le sang
Son propre sang
Qui gicla
Qui l'enfiévra

Le sang appelle le sang
La meute en transe
Ne peut plus s'arrêter
Elle avance.

« ? _ ? »

Depuis quand
Un enfant
En veut-il
« À sang »
À sa maman ?
ET
Depuis quand
Les hommes
Empêchent-ils
Un enfant
De pleurer
Sa maman ?

« Ô ALGÉRIE »

Ô ALGÉRIE Pays des Braves !
Dis-leur
En cet historique mois d'octobre
Dis-leur !

Dis-leurs qu'ils se leurrent
Ceux par qui
Dans la houle
Nous allions
Être précipités
Et devenir leur risée
Dis-leur !

Dis-leur
À ces faux dévots
Du moment
Qui dehors toutes dents
Font du tapage à tous vents
Croyant te porter préjudice
En usant de mille et un artifices
Dis-leur !

Dis-leur
À ces falsificateurs de l'information
À ces langues fourchues
En fête
Festoyant à tue-tête
Que le peuple algérien est vivant
Plus que jamais Vivant
Dis-leur !

Dis-leur
Que nul n'a oublié les leçons de l'Histoire
Qui oserait donc oublier pour croire
Et s'abreuver à ce Breuvage
À ce Paternalisme déplacé
Rappelant une fois de plus
L'hypocrisie du passé
Dis-leur

Dis-leur
Ô Vous Ennemis des HOMMES VÉRITABLES
Lequel d'entre-nous
Est venu parmi Vous
La main tremblante
Et tendue
Quémandant l'aumône
Pour oser en parler
Et simuler les âmes charitables ?
Dis-leur !

Dis-leur
À tous les nostalgiques
Que le Miracle Algérien
Auquel ils ne comprennent
Toujours rien
Est le propre du Peuple Algérien
Qui ne cessera jamais de les éberluer
Dis-leur !

Dis-leur
Que leurs hommes liges pleins de rancœur
Avaient bien tentés
Mais leurs funestes tentatives
Avaient bel et bien échoué
Et que notre Malheur
Fut transformé en Bonheur
Dis-leur !

Dis-leur
Que nous sommes plus conscients
Et encore plus solidaires
Dis-leur !

Ô ALGERIE Pays des Braves !
Dis-leur
En cet historique mois d'octobre
Dis-leur !

« MES BLESSURES »

Vivantes sont mes blessures
Je les croyais guéries
Mes blessures entrouvertes
Suintent
Le couteau a été remué
Il les a dérangées.

« LES FAUX CALCULS D'UN AIGRI »

Le mercredi, 20-1.88, dans notre quotidien national : « EL-MOUDJAHID », en P.2(APS), sous le titre : « Les faux calculs d'un aigri » il fut question de certains méfaits de BEN BELLA visant les intérêts de notre pays.
Après lecture, scandalisé, je me suis décidé à écrire « AMERTUME ». Aussitôt l'écrit terminé, je l'ai envoyé à « EL-MOUDJAHID », en date du : 22.1.88 ; il ne parut jamais (m'a-t-on pris pour un canard sauvage ?)
Pour cela, je l'insère dans ce recueil, suivi de : « À MES GÉOLIERS » (écrit le 6-2-88) que je me suis bien gardé d'envoyer.

« Chacun est Roi
Chez soi
Et chaque Roi
Fait sa loi
Sous son toit ».

(Mot accompagnant l'envoi)

« EL-MOUDJAHID »

Veuillez bien croire mon cher
Mon ami
Mon frère
Que ce que j'éprouve
C'est du cœur
Votre cœur aussi
Ce qui vous a fait vibrer un jour
Me touche
Les touche aussi
Veuillez trouver et sans retouche
Sur mon papier
La pensée de tous les Algériens offensés.

Biskra le 22-1-88
Signé : M.L.Athmani

« AMERTUME »

Si jamais j'ai perdu ma mère et mon père
J'ai sauvegardé l'ALGÉRIE
Ma Terre et mon Pays
Comment pourrai-je tolérer
« Les faux calculs d'un Aigri » ?

Son aigreur
Et me taire ?

En moi tout remue
Tout bouge
Tout devient rouge

Le passé surgit
Je rugis
Je frémis au souvenir
Des OMAR
Des ALI
Traînant dans les rues

De la Nuit
Les cireurs
Les malheurs
La Main Rouge
La Légion Étrangère
Et le peuple en colère
Les paras
La Casbah
Le papa torturé
La maman angoissée
Les enfants détraqués
Les révoltés matraqués
Les villages massacrés
Les fils barbelés
Et la Terre et le Sang
La forêt qui gémit
La gomme qui jaillit

« Les bombes au napalm !

--Le napalm !
--Le napalm

--Les Sauvages !
Le ravage !
Le carnage ! »

Si jamais j'ai perdu ma mère et mon père
J'ai sauvegardé l'Algérie
Ma Terre et mon Pays
Comment pourrais-je tolérer
« Les faux calculs d'un Aigri » ?

En moi tous les MARTYRS se réveillent
De leurs yeux
Du feu
De leurs bouches
Des cris
Me poussent de l'avant et supplient
De TONNER à leur place
Et le et la nuit
D'exploser contre l'infâme
Qui veut ourdir le drame
Visant ainsi la DAME
La SŒUR
La MÈRE
Et la FLAMME

Les voilà venus vers moi
Me saisissant par le bras
Comme un seul homme à la fois
Me criant leurs noms
Me poussant de l'avant
« En avant ! »
« En avant ! »

Je marche en tombant
Me relève titubant
Harcelé par leurs cris
« Qu'as-tu fait ?
Qu'as-tu dit
À cet homme
Cet Aigri
Qui en veut à l'Algérie ?

Dis-lui d'abord
Que nous sommes toujours là
Chacun de nous est présent
Dans le corps des vivants !

Dis-lui encore
Ce n'est plus le même sort
L'Algérie progresse
Dans la voie de la Sagesse
En son peuple elle a confiance
Tout est transparence !

Dis-lui en plus
Depuis quand
Un enfant
En veut-il « à sang »
À sa Maman ? »

Si jamais j'ai perdu ma mère et mon père
J'ai sauvegardé l'ALGÉRIE
Ma Terre et mon Pays
Comment pourrais-je tolérer
« Les faux calculs d'un Aigri » ?

« À MES GÉOLIERS »

Au grand jour
Je paraîtrai
Un jour
Et on lira la grandeur de mon amour blessé
Cet amour jaillissant
De mon amour torturé
Gémissant
Fouetté à sang
Par la PERFIDIE d'un Aigri insolent
Cet amour confié sur un si long papier
Que vos mains d'inhumains ont déplié
Puis rapidement replié
Pour ne jamais redéplier

Cet amour enragé
Que vous avez encagé
C'est MON AMOUR pour Mon Pays
C'est MON AMOUR pour l'ALGÉRIE
C'est MON AMOUR pour Ma Patrie

De mon sang
Je l'écrirai
Non plus
Noir sur blanc
Mais rouge sur bleu
Dans tous les cieux
Et il sera lu par tous les yeux
Je le sèmerai
À tous les vents
Et il sera entendu instantanément

Si je suis Fou et prêt au sacrifice
C'est sans nul artifice
Je me sens concerné
Comme nos « CHOUHADA » furent concernés
Par ce même amour entraînés
Payant de leur sang
La survie des enfants qu'on était
Et la survie des adultes poltrons
De leur temps

Le « CHAHID » algérien mes Chers
N'est pas du tout mort
Il demeure encore !

OCTOBRE…OCTOBRE…OCTOBRE…OCTOBRE…

« LES SIRÈNES »

De tous les coins
Les sirènes ont mugi
Ce jour-là
Elles se plaisent
À mugir
Elles attisent le feu
Que leur propre feu
Les brûle !

« LA LEÇON D'OCTOBRE 1988 »

De sang algérien sont avides
Les Vampires
Je les vois se réjouir
Je les entends rire
Ils nous souhaitent le pire

Ils jouissent du Malheur
Fomenté dans notre Demeure

Où sont donc ces Leaders-Fantômes ?
Ces répugnants personnages ?
Qu'ils découvrent leurs vrais visages
Puisqu'ils sont satisfaits !

Ces Leaders-Fantômes
N'ont jamais voulu du bien
Au peuple algérien
J'en ai surpris un Aigri
Mentir
J'eus envie de vomir

Qu'ils n'espèrent pas beaucoup
Nous ne sommes guère fous
Le peuple algérien est toujours fier
N'oubliez pas Hier
Le peuple algérien ne se vend pas
Il n'est pas à vendre

N'importe quel citoyen
Vous le fera comprendre

D'où viennent tous ces Manipulateurs ?
Tous ces Leaders-Fantômes ?
Tous ces Diables
En Humains déguisés ?
Toutes ces traîtresses voix
Incitantes toutes à la fois
Au massacre de notre pays
Durement construit ?

Que se taisent ces voix traîtresses
Qui en veulent à notre Princesse
À notre Mère Chérie
L'ALGÉRIE !

Que tous les Algériens sincères
Demeurent Solidaires
Pour transformer ce Malheur
En Bonheur

**Et que tous les égarés
Ne se laissent plus faire
Ne se laissent plus tirer
Par le bout du nez**

« APPEL »

À tous les enfants d'ALGÉRIE
À tous mes frères et sœurs
À tous mes amis
Interrogeons l'Histoire
Inscrite dans la mémoire
De nos Fiers parents

Que de souffrances atroces
N'ont-ils pas endurées
Pour que le sol algérien
Ainsi que tous ses biens
Soient enfin à nous !

Alors protégeons-les bien
Conservons le sol
Et qu'ils soient à jamais
À nous !

« TENSION *»

Je n'ai plus le cœur
à parler des Fleurs
Ni des sourires enjôleurs
Je VEILLE
C'est plus que jamais
Le temps de VEILLER.

*** « TENSION » -Titre et début d'une nouvelle envoyée à la rubrique « Pluriel» de : RÉVOLUTION AFRICAINE – le : 4-10-1988.**

« DANS MON SOMMEIL AGITÉ »

Dans mon sommeil
Agité
Un vieux m'avait abordé
Il m'avait regardé
Je l'ai regardé
Il m'avait parlé
Je lui ai parlé
Il m'avait grondé
Je me suis tu
Il m'avait giflé
Je suis tombé
Mais je n'ai pas pleuré
Je l'ai embrassé.

« L'APPEL D'UN VIEUX »

**Avez-vous pensé à moi ?
Qui donc a pensé à moi ?
Ô Fils ingrats !
Moi j'ai cruellement souffert
Afin que vous naissiez LIBRES
Sur cette Libres Terre**

**Moi j'ai soif
Grandement soif
De liberté
De stabilité**

**Je n'ai pas demandé…
Je n'ai pas demandé…
Je n'ai pas demandé…
Je n'ai pas demandé…**

**Qu'on me laisse au moins
Mourir en paix
Dans mon petit coin
Puisque votre paix**

Je l'ai chèrement payée
Laissez-moi le temps
Seulement
De mourir en Paix

Je ne veux que paître
Et m'ébattre au soleil
Dans la chère poussière
De notre Chère Terre

Alors qu'on me laisse paître !
Qu'on me laisse m'ébattre !

car

Je n'ai pas oublié
Et je n'oublierai jamais
La Légion Étrangère
Les soldats français
Les fils barbelés
Les Fils de Chiens
Et le massacre du peuple algérien.

« J'AI VU »

En cet « OCTOBRE NOIR »
J'ai vu Ma Mère pleurer
J'ai vu Mes Frères pleurer
J'ai vu Mes Sœurs pleurer
Convenez que c'est amer
Et très dur à avaler

Je ne pus me contenir
Je voulus crier Mes Frères
Je voulus pleurer Ma Mère
Je voulus hurler Mes Sœurs

Mais
On m'empêcha de crier
On m'empêcha de pleurer
Et je ne pus pleurer
Je me débattis
Tel un déchaîné
Je ne pus rien faire
Je ne pus rien dire

Je me suis évanoui.

« OCTOBRE NOIR »

En noir
Je t'ai inscrit
« OCTOBRE NOIR »
Sur toutes les feuilles
Et
Dans ma mémoire

Ce jour-là
Les Vandales étaient là
Les Huns aussi
Les Rapaces étaient aux aguets
Les Loups aussi

Les Charognards !
Les Charognards !

Les Moutons avancèrent
Innocents ils avancent toujours
Comme toujours
Ils ont avancé
Tirés par le bout du nez

Les Moutons coururent
Ils n'en finissent pas de courir
Innocent ils courent toujours
Comme toujours
Ils ont couru

Bouleversé fut tout mon être
Le spectre au loin
Vient d'apparaître
À pas de géant
Il avançait
Tout mon corps gémissait

Gémissant
Je frémis
Et
Mes blessures
Mes blessures
Reprirent vie

Chaud !
J'eus chaud !
Très chaud
Et pourtant
Je claquais des dents
Je grelottais

Tout en grelottant
J'implorais
Tout en implorant
Je ne sais qui
Je claquais des dents

Douloureux moment
Véritable dilemme
Cauchemar vivant
« OCTOBRE NOIR »
SOIT À JAMAIS INSCRIT EN NOIR
DANS MA M ÉMOIRE !

OCTOBRE…OCTOBRE…OCTOBRE…OCTOBRE…

« MES LARMES »

Pendant toutes ces journées
Dans toutes mes prières
Mon cœur se serrait
Et mes larmes chaudes
Coulaient

Elles coulaient
Pour ma Mère
Elles coulaient
Pour mes Sœurs
Elles coulaient
Pour mes Frères
Elles coulaient
Pour l'Algérie entière

De mes larmes perlées
Que j'ai enfilées
J'ai fait des colliers
Un collier

Pour ma Mère
Un collier
Pour mes Sœurs
Un collier pour mes Frères
Un collier
Pour l'Algérie entière.

« PRIÈRE »

Puisse ma voix
S'unir à votre voix !

Puisse mon cœur
Réchauffer votre cœur !

Puissent des jours meilleurs
Effacer notre Malheur !

Puissent tous mes Frères
Et Sœurs

Ainsi que tous les hommes de la terre
Vivre dans le Bonheur
Ô mon Dieu !

NOUVELLE

Cette nouvelle, écrite sous forme de monologue- ne figure pas dans la première édition d' « Octobre Noir» est un véritable cri de révolte et de mise en garde contre les retombées d'une politique en dérive, car dérive, il y eut. C'est une nouvelle prémonitoire de ce qui allait nous arriver en ALGÉRIE, le : cinq octobre mille neuf cent quatre-vingt-huit – (5/10/88), ce qu'on se plaît à appeler « LE TEMPS DE LA RUPTURE ».
Elle avait été envoyée par la poste à : RÉVAF, le : 4/10/88 à 9 heures de Biskra. Le lendemain matin: ce fut ALGER à feu et à sang, c'était : « OCTOBRE NOIR ».
La nouvelle n'avait jamais paru.
Après une année, elle fut envoyée à d'autres journaux, mais, hélas, elle ne paraîtra jamais. (Mais, elle paraîtra ici, pour vous, mes Chers lecteurs, mes Chers concitoyens).

L'Auteur
Mohamed Laïd ATHMANI

« Tension »

« Je n'ai plus le cœur à parler des fleurs ni des sourires enjôleurs ; je n'ai plus le temps à méditer sur le « Bébé » incarcéré [1] et son soleil : JE VEILLE

JE VEILLE. C'EST PLUS QUE JAMAIS LE MOMENT DE VEILLER.
Comment ?
Quoi ?
Qui ?
Lui ?
Lui ? C'est impossible ! C'est un scandale ! Plus j'y pense, plus je n'y comprends rien ; plus je n'y comprends rien, plus j'y pense.
Non !
Je ne puis me taire : je sais, je sais, je sais. Comment peut-on savoir et se taire ?
Ne faudrait-il pas agir ? Ne faudrait-il pas dire ? Ne faudrait-il pas crier ? Ne faudrait-il pas hurler sur tous les toits cette vérité qui est en moi : cette vérité qui me ronge, qui me dérange, qui m'étouffe ? Oui, il faudrait la cracher : c'est comme du fiel qui me reste à la gorge et qui, finira par m'avoir, si je l'avale. Je sens déjà son amertume dans le fond de mon gosier ; ma tête est comme un citron que l'on presse.
Depuis quelques jours, mes pensées défilent comme dans un cortège ; je me sens comme à la foire foraine, dans le manège qui tourne, tourne, tourne : le vertige ! J'ai le vertige !
Le vertige !
Le vertige !
Comment peut-on savoir et se taire ?
Je ne suis pas et ne serai jamais de ceux qui se taisent.
Vais-je me taire ?
Dois-je me taire ?
Faut-il se taire ?
Et, si moi, je me tais, les autres seront dupes, tout le monde sera dupe et, moi aussi, je serai dupe !
Il faut que je dise !
Il faut que je parle !
Il faut que l'on sache !
Oui, il faut que l'on apprenne !
Et puis, après, qu'est-ce qu'il y a ?
Ah, ces opportunistes pourris jusqu'à la moelle ! Ils gangrènent la société qui ne me contient plus ! J'ai décidé de m'en aller ! Je m'en vais ! Oui, je m'en vais ! Je briserais mon stylo en mille et un morceaux, je déchirerais tous mes papiers qui s'éparpilleraient dans la rue et je me mettrais tout nu, je m'habillerais d'un sac de semoule, je prendrais mes cheveux aux quatre vents, je m'en irais de par le désert : je quitterais le béton corrupteur, et ces gens, et ces C... qui courent, courent à n'en plus finir ; ces gens qui vous donnent la nausée, ces reptiles rampants qui vous tombent du ciel, vous ne savez comment et, qui vous enveniment la vie, et qui, ternis jusqu'aux ongles, risquent de vous ternir aussi.

Je prendrais mon corps et mon âme comme bagages et je m'en irais : je m'en irais loin, très loin, très très loin de ces c...arrondis qui ne cherchent que la place ; hé bien, qu'ils l'occupent, elle est à eux : même s'ils ne sont pas faits pour elle :
moi, je la leur cède ; je m'en vais, qu'ils s'y installent et, qu'ils flambent dessus !

Qu'ils y flambent ! Puisse « LE GOUFFRE DE LA HONTE »[2] les avaler, eux aussi !

C'est fini ! Je m'en vais en plein désert ; je parlerais en vers luisants, en vers pleureurs et en vers TONNANTS, mais, jamais, jamais au grand jamais en vers RAMPANTS : mes vers seraient si virulents qu'ils dérangeraient les ordures du Silence Hypocrite ; celles-ci gémiraient, se lamenteraient, pourriraient et tout le monde les entendrait, les sentirait à mille lieux à la ronde !
Comment... ? Moi, partir ? Mais, non, jamais ! C'est à EUX de partir, c'est à eux de décamper, de déguerpir et de quitter la place !
Moi, je suis sincère, je suis un citoyen sincère : je n'ai pas à partir, je dois rester. Ne dit-on pas que : « Ne restent dans l'oued que ses galets » ?
En plus, je suis un Militant, un Militant qui milite en dehors de ses heures de travail et qui a son C.C.P ; bien sûr, je suis Militant, exemplaire dans mon travail ! Je n'ai point à partir, c'est à EUX de partir ! À moins que je sois « vidé », « éjecté » comme je l'avais dit auparavant, quand j'avais surpris certains abus. Loin de moi tous ces bandits, tous ceux que l'enrichissement facile attire ; je ne cesserai jamais de les
dénoncer, de les maudire puisque, même dans mon sommeil, je les dénonce, je les maudis ! Loin de moi tous ces va-nu-pieds, ces sales prétentieux rêvant de titres, jour et nuit, sans pour autant faire leurs devoirs vis-à-vis de leur Pays ; loin de moi toutes ces drôles de têtes qui ne sèment que vents et tempêtes dans leur propre logis : quand toute la famille pleure, ces sadiques, rient ; pour mon Pays : je les maudis.
Il faut que tout le monde sache ! Bien sûr que l'on sache et qu'on le chasse ! Je parlerais, je dirais tout ! En plus, si ce n'est pas moi : le Militant ! Alors, qui ?
Puisque cela s'est passé, puisqu'ils ont cru avoir à faire à des aveugles ou à des borgnes, puisqu'ils l'ont désigné au Sixième congrès, Lui !
Tout le monde sait, néanmoins, tout le monde se tait :
L'EAU ! L'EAU ! Elle coule sous nos pieds, elle risque de nous emporter, de tout emporter !
LA VÉRITÉ, rien que la VÉRITÉ, telle que je l'ai vécue, je la dirais !
Oui, mais à qui vais-je la dire ? À qui vais-je parler ?
Je commence à perdre confiance, je ne sais plus, je suis de plus en plus réticent ; je voudrais bien dire mon mot et combattre ces mauvais citoyens comme lui : ces gueules de charognards.
Lui... ? Mais, nous savons qu'il leur nuit !
TOUT DEVIENT SI IMPUR ! TOUT DEVIENT FLOU ! JE DEVIENS FOU !
Je me rétracte ? Je me dégonfle ? J'ai la trouille ?
J'ai peur ? Non, je n'ai pas peur ! Au contraire, je suis fier et ne tolère point courber le dos.
Ne suis-je pas Militant ?
Mais, pourquoi, ils ne se sont pas interposés et se sont laissé faire sans broncher ?
LE NOMBRE ! LE NOMBRE ! LE NOMBRE !

1-Personnage central de la nouvelle : « L'ANGOISSE DANS L'ŒUF ».
2- Dans la nouvelle d'anticipation : « LES LANCEURS DE PIERRES ».

Je leur ai dit, pourtant, je leur ai dit de serrer les rangs et de multiplier le nombre des braves gens afin de faire face à ces gueux, ces opportunistes, ces brebis galeuses qui n'en finissent pas d'augmenter. Nous sommes submergés, nous sommes dévorés, j'ai beau crier, j'ai beau m'égosiller…
C'EST LA FAUTE DES SPECTATEURS !
Je leur ai dit, aussi, ceux qui étaient spectateurs ! Je leur ai dit de venir avec nous, de mêler leur bonté, leur honnêteté à la nôtre ; de conjuguer nos efforts de sorte que nos voix et les leurs puissent être majoritairement sincères : hélas, ils sont restés marginalement spectateurs ! Et, nous, dans l'arène pareils à des gladiateurs.
Ils n'ont pas cru à la loi du Nombre, ils ont cru à la loi de la Force.
Je me sens seul, très seul et mes épaules si frêles, cependant, pour mon Pays, dussè-je crever, je dirais ! Je suis obligé de « ressusciter les os des morts » et, je combattrais.
Mon ami, où es-tu ? Où es-tu mon AMI, ô mon AMI !
Souviens-toi, mon AMI !
Je sais que tu n'as pas oublié les OMAR et les ALI traînant dans les rues noires du désespoir ; ils ont oublié eux, ils ont bien vite fait d'oublier. Ils ont vendu leur âme au Diable ! « Les Fils de Chiens » !
Moi, je n'ai pas oublié ; j'en souffre encore : j'étais pourtant tout enfant.

Je panse toujours mes blessures : si : « L'ANGOISSE DANS « L'OEUF »[3] avait paru, tu les aurais lues, car, dans toutes les âmes et les corps meurtris, elles sont réparties.
Je n'ai pas oublié les coups de bottes des soldats français et les coups de casse-tête que j'ai reçus ; je n'ai pas oublié aussi, les journées de rafles et le sort qui était réservé, en l'occasion, à nos « Moudjahidine » : nos BRAVES ! Alignés face au mur : je les vois ! Là, ils sont là, là… là… Là, devant mes yeux, ils sont debout ; puis, les voilà qui perdent pieds sans un cri, sous les rafales des fusils d'où le feu a jailli ; j'entends encore les « you-you », mes oreilles en sont
remplies ; ils fusèrent de partout, enveloppant leurs corps, accueillant leurs âmes, les élevant haut, très haut ! Non, je n'ai pas oublié.
Je n'ai pas oublié la « S.A.S »[4], la Légion étrangère, les paras, « LA MAIN ROUGE »[5] et « les Fils de Chiens »[6] Militant, je suis Militant ! J'agirais malgré vents et marées !
Qu'on me donne un cheval, je chevaucherais jour et nuit !
J'habiterais ma selle que je ne quitterais jamais plus !
Où es-tu ô épée de Sidna ALI ?[7] Qu'on me la donne aussi !
Comment l'opportuniste, il a osé ? Croit-il que je vais me taire ?
Hier, rappelez-vous, hier le patriotisme de la femme algérienne se donnant corps et âme pour sauver le Pays ! Et, lui, où était-il ? Où se cachait-il ? Qu'est-ce qu'il a fait ?

3- Nouvelle sur un enfant né en prison lors de la Révolution Algérienne.
4 -« S.A.S » : Section Administrative de Sécurité chargée de la surveillance et du contrôle de la population Algérienne durant la Révolution).

5- « LA MAIN ROUGE » : Organisation secrète qui terrorisait et pillait les Algériens dans les villes lors de la Révolution Algérienne. SERGE MICHEL est le « tombeur » de son chef en : 1957 à BERNE.
(Voir : REVAF n°= 1301 du : 10/2/89).
6- « Les Fils de Chiens » : Dénomination populaire des traîtres algériens.
7- SIDNA ALI : gendre du prophète (Q.S.D.D.S.S.L) et 4° Calife (656/661).
Mais, vraiment, c'est le bouquet !
C'est le monde à l'envers !
C'est le sens dessus dessous !
Je n'y comprends rien !
Lui ?
Quel homme !
Quels hommes !
Quand je pense à ces vils hommes du présent, j'ai envie de m'enterrer vivant ; mais c'est la fin des BRAVES !
C'est l'Anarchie ! C'est le sens dessous dessus !
C'EST L'ÈRE « DE LA BÊTE QUI NUIT » !
Je pleure ; oui, je pleure ! Ô mon DIEU, comme les mots sont pauvres, Ils n'expriment pas exactement ce que je ressens, en ce moment ! Je n'ai plus qu'à pleurer et inonder cette terre de mes larmes, afin de Noyer ces FILS de SATAN. »

« Cette nouvelle est dédiée à tous les enfants d'« Octobre Noir » qui ont offert leur vie pour la démocratie et le droit à l'expression libre en Algérie. »

**« DANS CETTE NUIT SOMBRE ME FUT APPORTÉE
LA BONNE NOUVELLE DE L'AUBE, LA LAMPE S'EST ÉTEINTE
POUR QUE M'APPARAISSE LA LUMIÈRE ! »**

MOHAMED IQBAL

Table des matières

Prière d'insérer en 4ème P. de couverture

Enseignant dès dix-huit ans, Mohamed Laïd ATHMANI, né à Biskra-- Sud-Est Algérien – où il enseigne, est aussi nouvelliste.

Enfant, il fut marqué par le colonialisme français. Ses amers souvenirs mêlés aux retombées psychologiques des événements d'octobre 88 sur sa personnalité sensible constituent la principale source d'inspiration d'« Octobre noir ».

Conscient du danger qui menace son pays, Mohamed Laïd ATHMANI dénonce, tonitrue, rappelle, pleure et prie pour l'Algérie entière.

Printed by Books on Demand GmbH, Norderstedt / Germany